BEI GRIN MACHT SICH IHR
WISSEN BEZAHLT

Erziehung im antiken Griechenland. Ein Vergleich zwischen Athen und Sparta (Geschichte, 6. Klasse)

Emma Püschel

Bibliografische Information der Deutschen Nationalbibliothek:

Die Deutsche Nationalbibliothek verzeichnet diese Publikation in der Deutschen Nationalbibliografie; detaillierte bibliografische Daten sind im Internet über http://dnb.d-nb.de abrufbar.

ISBN: 9783346179883
Dieses Buch ist auch als E-Book erhältlich.

Druck und Bindung: Books on Demand GmbH, Norderstedt Germany
Gedruckt auf säurefreiem Papier aus verantwortungsvollen Quellen

Das vorliegende Werk wurde sorgfältig erarbeitet. Dennoch übernehmen Autoren und Verlag für die Richtigkeit von Angaben, Hinweisen, Links und Ratschlägen sowie eventuelle Druckfehler keine Haftung.

Das Buch bei GRIN: https://www.grin.com/document/704474

Ausführliche Unterrichtsvorbereitung im Fach:

Geschichte

Thema der Unterrichtseinheit:

Leben in einer Polis – Das antike Griechenland

Thema der Stunde:

Sparta und Athen – Griechen gestalteten ihr Zusammenleben unterschiedlich. Ein Vergleich am Beispiel der Erziehung.

Verortung der Stunde in der Unterrichtseinheit:

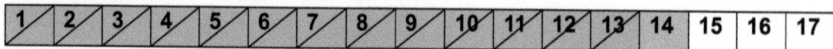

1	2	3	4	5	6	7	8	9	10	11	12	13	14	15	16	17

Datum	Stunde / Uhrzeit	Klasse	Raum	Fach
		6		Geschichte

Inhaltsverzeichnis

1. Beschreibung der Lernbedingungen 3

    1.1 Situation der Klasse 3

    1.2 Fachliche Voraussetzungen 3

    1.3 Überfachliche Voraussetzungen 4

2. Lernperspektiven der Unterrichtseinheit 6

    2.1 Fachliche Kompetenzen 6

    2.2 Überfachliche Kompetenzen 7

3. Stundenziel 8

4. Sachanalyse 8

5. Didaktische Analyse 10

6. Methodisch-mediale Analyse 12

7. Anhänge 15

    7.1 Gliederung der Unterrichtseinheit 15

    7.2 Stundenverlaufsplan 16

    7.3 Kompetenzraster 17

    7.4 Sitzplan 18

8. Quellenangaben 19

    8.1 Literaturangaben 19

1. Beschreibung der Lernbedingungen

1.1 Situation der Klasse

Seit dem Schuljahr 2019/2020 unterrichte ich in der Klasse 6 eigenständig das Fach Geschichte mit insgesamt zwei Stunden pro Woche. Die Lerngruppe ist aus neun Schülerinnen und fünfzehn Schülern [1] zusammengesetzt. Mein persönliches Verhältnis zu den SuS, sowie das allgemeine Klassenklima empfinde ich als positiv. Die Lerngruppe zeigt sich aufgeschlossen und interessiert gegenüber neuen Unterrichtsinhalten. Untereinander hegt die Lerngruppe zum größten Teil einen respektvollen Umgang. Während Arbeitsphasen und Unterrichtsgesprächen verhalten sich die Lernenden meist angemessen und ermöglichen sich somit gegenseitig eine ruhige Lernatmosphäre. Um Unterrichtsstörungen, wie beispielsweise Zwischenrufen, vorzubeugen, wurde bereits in der fünften Klasse eine Verhaltensampel eingeführt, um den SuS transparent zu machen, ab wann sie mit Konsequenzen rechnen müssen. Dieses System wird ebenso von anderen Fachlehrer/innen eingesetzt. SuS die den Unterrichtsfortgang stören, werden zunächst ermahnt und angeschrieben. Der zweiten Ermahnung folgt das Abschreiben eines „Störtextes", nach der dritten Ermahnung werden SuS in den Trainingsraum entlassen. Dort bekommen sie Zeit ihr Verhalten zu reflektieren und Lösungsvorschläge zu formulieren. Zwischenrufe werden nicht in das Unterrichtsgespräch integriert.

1.2 Fachliche Voraussetzungen

Bei der vorliegenden Stunde handelt es sich um die elfte Unterrichtsstunde der Unterrichtseinheit [2] „Leben in einer Polis – Das antike Griechenland". Bisher wurden die Themenbausteine „Kolonialisierung im antiken Griechenland", „Götterglaube und Olympische Spiele" sowie „Die Staatsform im antiken Athen" bearbeitet. „Die Poleis Athen und Sparta im Vergleich" bildet den vierten, aktuellen Themenbaustein der UE. Abgeschlossen wird die UE mit den Themenbausteinen „Das Ende der attischen Demokratie durch den Peloponnesischen Krieg" und „Alexander der Große und der Aufstieg Makedoniens". E, M, , E, D und J zeigten bisher ein ausgeprägtes Vorwissen zu verschiedenen Aspekten des Themas sowie reges Interesse am Geschichtsunterricht. Ihre Leistungsstärke zeigt sich durch regelmäßige und qualitativ hochwertige Unterrichtsbeiträge, welche das Unterrichtsgeschehen vorantreiben. Sie können die grundlegenden Unterschiede in Athen und Sparta, in Bezug auf Staatsform und Gesellschaftsleben, nennen und erläutern. Sie sind in der Lage, unter kleineren

---

[1] Zur besseren Lesbarkeit im Folgenden mit „SuS" abgekürzt.
[2] Im Folgenden mit UE abgekürzt.

Hilfestellungen, Inhalte miteinander zu verknüpfen sowie Motive für Handlungen und Verhaltensmuster zu erklären und in ihrem historischen Kontext zu beurteilen.[3] Sie können Arbeitsaufträge eigenständig erledigen. T, A, , K, J, M, M, F und Y beteiligen sich regelmäßig am Unterrichtsgeschehen. Die Qualität der Unterrichtsbeiträge verbessert sich häufig unter Hilfestellung in Form von Leitfragen. Sie können die gesellschaftlichen und politischen Unterschiede der beiden Poleis Athen und Sparta nennen und mit Hilfestellungen erläutern. Darüber hinaus gelingt es ihnen anhand von unterstützenden Fragen Unterrichtsinhalte miteinander zu verknüpfen und Verhaltensmuster der Bewohner zu erklären. Das Erledigen von Arbeitsaufträgen gelingt ihnen weitgehend selbstständig. T beteiligt sich regelmäßig am Unterrichtsgeschehen. Er ist in der Lage Unterrichtsinhalte unter Hilfestellung miteinander zu verknüpfen. Sein Vorwissen ist aufgrund fehlender Nacharbeit häufig lückenhaft. Die gesellschaftlichen Unterschiede zwischen Athen und Sparta kann er unter Hilfestellung nennen. Beim Erledigen von Arbeitsaufträgen benötigt T häufig Hilfestellung, das Erklären von Verhaltensmustern gelingt ihm unter Hilfestellung. M, J, L und C beteiligen sich selten am Unterrichtsgeschehen. Sie sind in der Lage, die grundlegenden Unterschiede in Bezug auf das gesellschaftliche Leben und die Staatsformen in Athen und Sparta zu nennen. Sie können Motive für Handlungen und Verhaltensmuster erklären. Es gelingt ihnen gut, schriftliche Arbeitsaufträge eigenständig zu erledigen. M, T, A und A beteiligen sich selten bis nie am Unterrichtsgeschehen. Ihr Vorwissen ist häufig lückenhaft und die Verknüpfung von Unterrichtsinhalten fällt ihnen noch schwer. Die Nennung von Unterschieden zwischen Athen und Sparta gelingt ihnen unter Hilfestellung. Beim Erklären von Handlungsmotiven benötigen sie Hilfestellung. Sie können Arbeitsaufträge unter der Zunahme von Tippkarten und Hilfestellung weitgehend eigenständig erledigen. Um der Heterogenität in der Lerngruppe gerecht zu werden und einer Überforderung präventiv entgegen zu wirken, wird mit didaktisch reduzierten Materialien und Differenzierungsangeboten gearbeitet.[4] [5]

1.3 Überfachliche Voraussetzungen

Die vorliegende Stunde erfordert zunächst das Lesen eines Textes in Einzelarbeit. Zudem sollen die Lernenden einige Aspekte stichpunktartig verschriftlichen. Es gelingt (Namen der SuS entfernt) selbstständig in Einzelarbeit fremde Texte sinnentnehmend zu lesen und Zusammenhänge der Textelemente zu erkennen.[6] Ebenso gelingt ihnen die globale Kohärenzbildung und die Einordnung dieser Textelemente in eigene

---

[3] Vgl. Kompetenzraster, S. 17.
[4] Vgl. Didaktische Analyse, S. 10; Methodisch-mediale Analyse, S. 12.
[5] Vgl. Arbeitsblätter, S. 19.
[6] Vgl. Kompetenzraster, S. 17.

Wissenszusammenhänge.[7] Den genannten SuS gelingt es, auch Aufgabenstellungen zu komplexeren Texten zu erledigen. (Namen der SuS entfernt) gelingt es weitgehend selbstständig in Einzelarbeit fremde Texte sinnentnehmend zu lesen.[8] Um den Texten Informationen gezielt entnehmen zu können, werden Tippkärtchen, zur Unterstützung beim Bearbeiten der schriftlichen Aufgabe, zur Verfügung gestellt.[9] Das Bilden von Wissenszusammenhängen gelingt ihnen unter Hilfestellung. (Namen der SuS entfernt) fällt es noch schwer, Texten selbstständig und in Einzelarbeit, Informationen zu entnehmen.[10] Unter Hilfestellung, in Form von Zeilenangaben, gelingt ihnen die Informationsentnahme. Das konzentrierte Arbeiten in Einzelarbeit gelingt den SuS der Lerngruppe größtenteils gut. Aufgrund einer diagnostizierten „auditiven Verarbeitungs- und Wahrnehmungsstörung" zeigt der Schüler T häufig Defizite beim konzentrierten und selbstständigen Arbeiten, durch Unterstützung und Zuspruch gelingt es ihm besser.

Neben dem Lesen eines Textes und der Bearbeitung eines textbezogenen Arbeitsauftrags in Einzelarbeit steht in der vorliegenden Stunde die Partnerarbeit im Fokus. Die SuS sollen ihre Ergebnisse mit dem Sitznachbar austauschen und schriftlich festhalten. Die Methode ist den Lernenden bekannt. Den Sitzpartnern (Namen der SuS entfernt) gelingt das Arbeiten in Paaren besonders gut.[11] Dies zeigt sich vor allem durch konzentriertes und zielgerichtetes Arbeiten sowie gegenseitige Unterstützung. (Namen der SuS entfernt) weisen noch Defizite bei der Gesprächsführung unter Klassenkameraden auf.[12] (Namen der SuS entfernt) können jedoch relativ gut miteinander arbeiten, weshalb sie bei Partnerarbeiten zusammensitzen. Die Sitzordnung bleibt in der vorliegenden Stunde in ihrer gängigen Form bestehen, da die besonders gut miteinander arbeitenden Pärchen nicht getrennt werden sollen. Dies zeigt sich meist durch rege mündliche Beteiligung während Partnerarbeiten. Durch regelmäßigen Einsatz kooperativer Lernformen fällt es den oben genannten Lernenden zunehmend leichter, sich in einem Partner-/oder Gruppengespräch einzubringen.

---

[7] Vgl. Rosebrock, Cornelia: Anforderungen von Sach- und Informationstexten, Anforderungen literarischer Texte, in: Bertschi-Kaufmann, Andrea: Lesekompetenz, Leseleistung, Leseförderung, Klett, 2007, S. 12.
[8] Vgl. Kompetenzraster, S. 17.
[9] Vgl. Materialien Tippkarten, S. 23.
[10] Vgl. Kompetenzraster, S. 17.
[11] Vgl. ebd.
[12] Vgl. ebd.

2. Lernperspektiven der Unterrichtseinheit

2.1 Fachliche Kompetenzen[13]

Kompetenzbereich	Regelstandard	Konkretisierung in der geplanten Unterrichtseinheit
	Die Lernenden können …	Die Lernenden können …
Wahrnehmungskompetenz	- eine Vermutung auf der Grundlage von Zeugnissen aus der Vergangenheit und Gegenwart sowie aus geschichtskulturellen Darstellungen formulieren. - sich unter Hilfestellung die für eine Problemlösung erforderlichen Informationen beschaffen.	- Vermutungen über das Leben in einer Polis äußern. - anhand ausgewählter Textquellen, Infotexten, Bildern und Abbildungen historische Sachverhalte erarbeiten und Hypothesen überprüfen.
Analysekompetenz	- Strategien der Erschließung von Textquellen, audiovisuellen und Sachquellen anwenden. - den Inhalt von weniger komplexen Quellen und Darstellungen strukturiert mit eigenen Worten wiedergeben.	- unter Hilfestellung Bilder und Abbildungen beschreiben. - können den Inhalt von Quellen, Darstellungen o.a. unter Zunahme von Textquellen analysieren und wiedergeben.
Urteilskompetenz	- Motive und Begründungen der Handlungen einzelner Akteure und Gruppen in ihrem historischen Kontext erklären und beurteilen.	- Bewegründe für Auswanderungen in der Antike erläutern, beurteilen und vergleichen - Handlungs- und Lebensweisen der griechischen Bevölkerung Athens und Spartas in den historischen Kontext einbetten, beurteilen und vergleichen. - Staatsformen der damaligen Zeit (Demokratie und Aristokratie) miteinander in Beziehung setzen und in ihrem historischen Kontext beurteilen.
Orientierungskompetenz	- ihre eigenen Einstellungen, Vorurteile, Haltungen, Deutungsmuster und Wertmaßstäbe in den Geschichtsunterricht einbringen und kritisch hinterfragen und bewerten. - in Ansätzen eigene, gegenwärtige und frühere Wertvorstellungen und Urteilsmaßstäbe kritisch aufeinander beziehen und gegenüberstellen.	- Unterschiede und Gemeinsamkeiten des Zusammenlebens der Griechen beschreiben und bewerten. - die Erziehung von Gleichaltrigen in den Poleis Sparta und Athen mit der Erziehung der heutigen Zeit gegenüberstellen - Werte und Lebenseinstellungen des antiken Griechenlands beurteilen.

[13] Hessisches Kultusministerium: Bildungsstandards und Inhaltsfelder. Das neue Kerncurriculum für Hessen, Realschule, Geschichte, S. 26 ff.

	- an einem Beispiel über den Zusammenhang zwischen aktuellen politischen und wirtschaftlichen Konflikten zu historischen Ereignissen Stellung beziehen.

2.2 Überfachliche Kompetenzen[14]

Kompetenzbereich	Regelstandard	Konkretisierung in der Unterrichtseinheit
	Die Lernenden …	Die Lernenden können …
Sozialkompetenz	- entwickeln zunehmend Rücksichtnahme und Solidarität gegenüber ihren Partnern. - verstehen Kooperation und Teamfähigkeit als grundlegende Bedeutung für gemeinsames Arbeiten.	- mit einem Partner zielgerichtet und konstruktiv zusammenarbeiten. - sich in Kleingruppen zielgerichtet austauschen und Arbeitsaufträge erledigen.
Personalkompetenz	- arbeiten selbstbestimmt und eigenverantwortlich.	- einschätzen, wann sie Hilfe benötigen. - in Einzelarbeit konzentriert arbeiten und Arbeitsaufträge umsetzen.
Sprachkompetenz	- können Texte sinnentnehmend lesen. - drücken sich in Kommunikationsprozessen verständlich aus.	- Texte (Quellen, Sachtexte) Informationen entnehmen und diese für die Problemlösung nutzen. - deutlich sprechen und Gesprächsregeln einhalten.

[14] Hessisches Kultusministerium: Bildungsstandards und Inhaltsfelder. Das neue Kerncurriculum für Hessen, Realschule, Geschichte, S. 8 ff.

3. Stundenziel

Die SuS können Gemeinsamkeiten und Unterschiede der Erziehungssysteme Athens und Spartas erläutern und die Ergebnisse auf Basis ihres bereits erworbenen Hintergrundwissens historisch einordnen sowie diskutieren.
Teilziel: Die Lernenden erarbeiten arbeitsteilig Quellentexte und vergleichen die Ergebnisse mit ihrem Sitzpartner.

4. Sachanalyse

Die Unterschiede zwischen den beiden antiken Großmächten Athen und Sparta werden in mehreren Punkten deutlich. Neben verschiedenen Staatsformen – in Athen wurde im 5. Jahrhundert v. Chr. die Aristokratie abgeschafft und durch eine Volksherrschaft ersetzt, in Sparta dominierten oligarchisch-demokratische Elemente durch ein Doppelkönigtum – und unterschiedlichen Handelssystemen, bestand ein offenkundiger Unterschied im wirtschaftlichen und kulturell-geistigen Bereich.[15] Die Fixierung auf den Landkrieg und die Peloponnes sowie die hiermit verbundene Fixierung einer auf Gleichheit und Nüchternheit gerichteten Ideologie bändigten die Energie der Spartaner und ließen somit wenig Entfaltungsspielräume außerhalb des militärischen Bereichs. Unterschiede des gesellschaftlichen Zusammenlebens spiegelten sich nicht zuletzt auch in der Erziehung vollbürgerlicher[16] Heranwachsenden wider.
In Athen war Ziel der Erziehung eine möglichst vollkommene körperliche, musische sowie ethische Bildung des Kindes zu erzielen und die Jungen zu mündigen Bürgern zu erziehen.[17] Die Entscheidung, ob ein Neugeborenes in der Hausgemeinschaft aufgenommen oder ausgesetzt wurde, oblag dem Hausvater.[18] Traf ersteres zu, wurden die Neugeborenen innerhalb des ersten Lebensjahres bei einem Initiationsfest der Sippengemeinschaft in ein Verzeichnis eingetragen. Kinder wurden in Athen zwei bis drei Jahre lang gestillt, bis zum siebten Lebensjahr bestand ein liebevolles Verhältnis zwischen Eltern und Kind, das Kindesalter war eine Zeit des „heiteren, zweckfreien Spielens".[19] Bereits früh sollten Körper und Geist geformt werden. Die Obhut lag bei den Frauen oder bei Ammen.[20] Ab dem siebten Lebensjahr konnten die Kinder attischer

---

[15] Vgl. Schulz, Raimund: Athen und Sparta, Wissenschaftliche Buchgesellschaft, Darmstadt, 2005, S. 70-71.
[16] Vollbürger waren diejenigen, deren Eltern und Großeltern bereits athenische Bürger gewesen waren.
[17] Vgl. Schmitz, Winfried: Haus und Familie im antiken Griechenland, Oldenbourg Verlag, München, 2007, S. 23.
[18] Vgl. ebd.
[19] Ebd., S. 26.
[20] Vgl. ebd., S. 26.

Vollbürger/innen die Schule besuchen, eine allgemeine Schulpflicht gab es nicht. Die Kosten für den Schulbesuch musste das Elternhaus tragen, wobei davon ausgegangen wird, dass dieser gering war, da die Schülergruppen sehr groß waren.[21] Bildung gehörte im antiken Athen zu den wichtigsten Bestandteilen der Erziehung. Seit dem 6. Jahrhundert sind Elementarschulen belegt. Die schulische Bildung umfasste die elementaren Kenntnisse im Lesen, Schreiben und Rechnen. Darüber hinaus wurde den Kindern das Musizieren beigebracht. Auch sportliche Übungen nahmen einen hohen Stellenwert ein. Durch die Auseinandersetzung mit Epik und Lyrik sollten den Heranwachsenden Werte und Normen vermittelt werden. Gegenüber Lehrern und Erwachsenen hatten die Kinder Gehorsam zu üben, der notfalls durch körperliche Züchtigung erzwungen wurde, welche keiner Legitimation bedarf. Mit 14 Jahren endete die schulische Bildung für die meisten Kinder. Sie arbeiteten fortan auf dem Hof der Eltern oder halfen den Vätern in ihren Werkstätten. Ausgenommen waren Kinder aus sehr wohlhabenden Familien, welche die Möglichkeit hatten im *Gymnasiom* eine höhere Bildung, eine *kalokagathia* (=Erreichen des „Guten und Schönen"), zu erlangen und sich einer weiteren sportlichen Ausbildung zu unterziehen, die auch militärische Gründe hatte.[22] Das Bildungsangebot in den Schulen galt hauptsächlich den Jungen, da Mädchen hauptsächlich lernten, einen Haushalt zu führen, sehr früh und heirateten Kinder bekamen. Es gibt jedoch auch Darstellungen von Mädchen mit Schreibtafeln, beim Tanzunterricht oder beim Sport, die darauf schließen lassen, dass zumindest die Töchter aus gehobenen Kreisen dieselbe Bildung genossen haben.[23]

In Sparta hingegen war die Erziehung von Geburt an vom Staat vorgegeben und ausgerichtet auf Disziplin, Gehorsam, Respekt, körperliche und kriegerische Tüchtigkeit, Ausdauer und Wetteifer und die Bereitschaft zur Aufopferung für die Heimatstadt. Wettkampf und Konkurrenz waren stets dem Zusammenhalt der Gesellschaft untergeordnet.[24] Nach der Geburt entschied der Ältestenrat darüber, ob ein Kind lebenswert war.[25] Entscheidend war, ob es schwächlich oder missgestaltet war.[26] Die Jungen traten mit bereits sieben Jahren der sogenannten *agogé* bei, einer gemeinschaftlichen, außerhäuslichen Erziehung. In Sparta oblag diese Entscheidung nicht den Eltern. Dort verbrachten sie den Tag gemeinsam und schliefen in der Gruppe. Angeleitet wurden diese von jugendlichen Erziehern. Die Zöglinge erhielten während der

---

[21] Vgl. ebd., S. 26.
[22] Vgl. ebd., S. 26.
[23] Vgl. Rühfel, Hilde: Kinderleben im klassischen Athen, Verlag Philipp von Zabern, Mainz, 1984, S. 41.
[24] Vgl. Schmitz, Winfried: Haus und Familie im antiken Griechenland, Oldenbourg Verlag, München, 2007, S. 127.
[25] In der Forschung gibt es keine eindeutige Antwort darauf, ob nur Jungen oder nur Mädchen ausgesondert wurden, weshalb hier von dem Kind, als geschlechtsneutrales Subjekt, gesprochen wird.
[26] Vgl. S. 46.

ersten Phase der Erziehung neben einer sportlichen und musischen Ausbildung eine elementare Ausbildung im Lesen, Schreiben und Rechnen. Über die Befassung mit Musik und Lyrik gibt es keine eindeutigen Belege.[27] Im Vordergrund stand bereits in dieser Phase die Abhärtung der Zöglinge als Vorbereitung auf den Kriegsdienst. Neben dem Aushalten von Hitze, Kälte, Hunger und Durst, mussten sich die heranwachsenden Jungen ihre Nahrung selbst beschaffen sowie sich eine Kommunikationsform (Lakonische Kürze) aneignen, die sich auf kurze Antworten beschränkte.[28] In der zweiten Phase der Erziehung (12-20 Jahre) wurde das körperliche Training härter. Die Heranwachsenden mussten an Wettkämpfen teilnehmen, spartanische Werte und Normen wie Gemeinschaftsgefühl und Gruppensolidarität sollten gestärkt werden, was ebenso zur Vorbereitung auf den Kriegsdienst zählte.[29] Von einer höheren Bildung wurde in der Polis Sparta gänzlich abgesehen, wodurch vor allem vermieden werden sollte, dass das gesellschaftliche System hinterfragt werden könnte. Mit zwanzig Jahren war die gemeinsame Erziehung beendet und die erwachsenen Männer wurden selbst zu Erziehern. Zudem nahmen sie an einem militärischen Training (*kryptoí*) teil, welches der Abhärtung im Krieg diente. Anschließend wurden sie unter die Männer (*ándres*) aufgenommen und wurden Mitglied der Syssitien (Zelt- und Tischgemeinschaften). Das Zusammenleben in einer selbst gegründeten Familie war in Sparta unüblich.[30] Mädchen durchliefen ebenfalls eine gemeinschaftliche Erziehung in Altersgruppen, in denen ebenso eine sportliche Ausbildung im Ringen, Laufen und Speerwerfen Platz fand. Sie genossen jedoch mehr Freiheit, da sie nicht Tag und Nacht in altersgleichen Gruppen lebten.[31] Die Spartaner gingen davon aus, dass nur starke Frauen starke Söhne gebären würden. Die Erziehung der Mädchen endete mit etwa 20 Jahren.

5. Didaktische Analyse

Die Unterrichtseinheit „Die Griechen – Lehrmeister des Abendlandes?" ist in den Bildungsstandards des Landes Hessen sowie im hessischen Lehrplan für das Fach Geschichte an Realschulen verankert.[32] Im schulinternen Curriculum ist die Behandlung des Themas „Das antike Griechenland" in Klasse 6 angesetzt.[33] Die Unterrichtseinheit wird dem Inhaltsfeld „Epochenbezug Antike" zugeordnet und bezieht sich auf das

---

[27] Vgl. Schmitz, Winfried: Haus und Familie im antiken Griechenland, Oldenbourg Verlag, München, 2007, S. 126.
[28] Vgl. ebd., S. 47.
[29] Vgl. ebd.
[30] Vgl. ebd., S. 48-49.
[31] Vgl. ebd., S. 127.
[32] Vgl. Hessisches Kultusministerium (Hrsg.): Bildungsstandards und Inhaltsfelder. Das neue Kerncurriculum für Hessen, Geschichte, S. 20.
[33] Vgl. Erich-Kästner-Schule (Hrsg.): Fachcurriculum Geschichte Realschule. Bürstadt, Stand: 2015.

Inhaltsfeld „Freiheit und Mitbestimmung in der griechischen Polis."[34] Der inhaltliche Schwerpunkt liegt in der vorliegenden Unterrichtsstunde auf der Erarbeitung der Unterschiede zweier antiker Erziehungssysteme und lässt sich somit dem Bereich der Analyse- (Textinhalte erschließen) und Urteilskompetenz (Motive und Beweggründe von Bevölkerungsgruppen in ihrem historischen Kontext beurteilen und erklären) zuordnen.[35] Der Vergleich von Kindheit, Erziehung und Bildung am Beispiel von Athen und Sparta, zwei bekannten Großmächten des antiken Griechenlands, bietet den SuS die Möglichkeit, sich anhand ausgewählter Textquellen und Informationstexten, exemplarisch mit diesem Thema auseinanderzusetzen. „Exemplarisch nennt man einen Unterricht, der darauf angelegt ist, seine Inhalte statt in stofflicher Vollständigkeit in sinnfälligen 'Beispielen' zu vermitteln. Dabei sollen die Fülle und Vielfalt der potenziellen Lerngegenstände auf das Wesentliche verdichtet werden."[36] Außerdem ermöglicht es ihnen Einblicke in die Lebenswelt gleichaltriger Jugendlicher aus der Vergangenheit und ermöglicht somit einen Gegenwartsbezug. Dieser ermöglicht den Lernenden die Stufen der Erziehung auf ihre eigene Kindheit und Jugend zu beziehen, sie miteinander zu vergleichen und zu beschreiben welche Gemeinsamkeiten und Unterschiede es gibt. Der Gegenwartsbezug wird nach Michael Sauer als Sinnzusammenhang, als „die Übertragung von Erfahrungen und Einsichten auf gegenwärtige Situationen, die bei der Beschäftigung mit verwandten historischen Situationen gewonnen worden sind [...]" beschrieben.[37] Hierbei geht es um die Beschäftigung mit Existenzfragen der Menschen in ihrer jeweiligen historischen Ausprägung wie beispielsweise Macht, Herrschaft, Glaube und Religion, Arbeit etc. Historische Denkweisen sollen zunächst rekonstruiert werden und dann auf die Gegenwart bezogen werden, ohne dabei historische Unterschiede zu verwischen.[38] Den Lernenden wird durch die Auseinandersetzung mit dem Leben der Heranwachsenden aus den antiken Poleis Athen und Sparta eine Alteritätserfahrung ermöglicht. Anhand der erarbeiteten Unterschiede soll ihnen zudem ermöglicht werden, die Bedeutung von Erziehung damals zu erkennen. Dadurch kann ein Verständnis für andere Denkweisen und Wertvorstellungen entwickelt werden, wodurch wiederum eine Anbahnung an das Fremdverstehen[39] gefördert werden kann.

Des Weiteren wird durch die Annäherung an frühere Gegebenheiten das Geschichtsbewusstsein der SuS gefördert. Sie erkennen, dass Geschichte kein feststehender Sachverhalt ist, sondern, dass Vergangenheitsdeutung relevant ist für das

---

[34] Vgl. Hessisches Kultusministerium (Hrsg.): Bildungsstandards und Inhaltsfelder. Das neue Kerncurriculum für Hessen, Geschichte, S. 21.
[35] Vgl. Fachliche Kompetenzen, S. 6.
[36] Vgl. Rohlfes, Joachim: Exemplarischer Geschichtsunterricht. In Bergmann, Klaus (Hrsg.): Handbuch der Geschichtsdidaktik, Kallmeyer Verlag, 1997, S.280-282.
[37] Vgl. Sauer, Michael: Geschichte unterrichten – Eine Einführung in die Didaktik und Methodik, Kallmeyer, 2001, S. 91.
[38] Vgl. ebd., S. 91-92.
[39] Vgl. ebd., S. 76.

Gegenwartsverständnis, welches wiederum Zukunftserwartungen konstruiert.[40] Neben dem genannten didaktischen Schwerpunkt soll die Wahrnehmungskompetenz anhand von Bildern gefördert werden, indem die SuS diese beschreiben und Vermutungen darüber aufstellen, wie die Kindheit und die Jugend in Sparta und Athen ausgesehen haben könnte. Vor allem in unteren Klassenstufen gelingt der Zugang zu Geschichte durch das Vorstellungsvermögen und die Fantasie der Lernenden.[41] Durch die kontrastierende Wirkung der Bilder wird, im Hinblick auf Unterschiede in der Erziehung von Kindern in verschiedenen griechischen Poleis, ein Problembewusstsein geschaffen. Durch die Beschreibung und das Aufstellen von Hypothesen entsteht eine Problematisierung, da Athen und Sparta im Vergleich betrachtet werden. Mögliche Stundenfragen wären „Wie wurden die Kinder in Athen und Sparta erzogen und welche Unterschiede lassen sich auf die Staatsformen zurückführen?". Die Beantwortung dieser Fragen ermöglicht den Lernenden eine Auseinandersetzung mit dem Thema, die über die Reproduktionsebene hinausgeht.

Die didaktische Reduktion erfolgt in der vorliegenden Stunde durch die Eingrenzung der Informationen und die Vereinfachung des Lerngegenstands. Die Mannigfaltigkeit der Unterschiede begrenzt sich in der vorliegenden Stunde vier verschiedene.[42] Nach dem Prinzip der Elementarisierung wurde der Lerngegenstand schüler- und situationsgerecht vereinfacht. Den SuS werden Rekonstruktionszeichnungen[43] visualisiert, da sich die Arbeit mit Fotografien von Vasenmalereien, als zu anspruchsvoll gezeigt hat. Die Lernenden erarbeiten anhand leicht verständlicher, teilweise verkürzter Textquellen, die durch Informationstexte ergänzt wurden, wesentliche und greifbare Unterschiede der Erziehung in den Poleis Athen und Sparta. Da die Informationsentnahme aus Texten im Vordergrund steht, wird in der Unterrichtsstunde davon abgesehen, näher auf den Verfasser einzugehen oder die Textquellen in Form einer Quellenanalyse zu hinterfragen.

6. Methodisch-mediale Analyse

Die vorliegende Unterrichtsstunde ist dem klassischen Dreischnitt „Einstieg, Erarbeitung, Sicherung" untergeordnet. In der vorliegenden Stunde soll anhand eines sachbezogenen Einstiegs mittels verschiedener Rekonstruktionszeichnungen, auf denen Kinder aus Athen und Sparta zu sehen sind, das Vorwissen der Lernenden aktiviert werden. Da das Leben und die Staatsformen bereits Lerngegenstand im Unterricht waren, ermöglichen ihnen diese Bilder die Verknüpfung zu vorherigen

---

[40] Vgl. ebd., S. 12.
[41] Vgl. Günther-Arndt, Hilke (Hrsg.): Geschichtsmethodik, Handbuch für die Sek. I und II, Cornelsen, 2007, S. 93.
[42] Vgl. Arbeitsblätter, S. 19.
[43] Vgl. Folien der Power Point Präsentation, S. 25.

Stunden. Michael Sauer beschreibt dies als einen vorwärtsgewandten Einstieg, da die Lernenden in ein Thema „verwickelt" werden. Darüber hinaus wirft der Einstieg in Form von Bildern Fragen auf, bietet Raum zum Aufstellen von Vermutungen und weckt Lernbereitschaft.[44] Durch das folgende Beschreiben der Bilder und die Aufstellung von Vermutungen über die Erziehungssysteme, können an dieser Stelle zwei ineinandergreifende Stundenleitfragen gebildet werden: *„Wie wurden die Kinder in den Poleis Athen und Sparta erzogen und wie hingen die Unterschiede sowie die Gemeinsamkeiten mit den politischen Strukturen zusammen?"* Die Visualisierung der Vermutungen am Whiteboard dient als Anknüpfungspunkt zur Sicherungsphase sowie als Hinführung zur nächsten Stundenphase. In der darauffolgenden Erarbeitungsphase setzen sich die Lernenden zunächst in Einzelarbeit mit der Erziehung in der Polis Sparta oder mit der Erziehung in der Polis Athen auseinander und bearbeiten den Arbeitsauftrag, der darin besteht, verschiedene Informationen aus einem der Texte zu entnehmen und in eine Tabelle einzutragen. Die Einzelarbeit soll an dieser Stelle vor allem gewährleisten, dass sich die SuS ohne Ablenkung auf einen Text und die dazugehörigen Aufgaben konzentrieren können.[45] Im Anschluss an die Einzelarbeit sollen sich die Lernenden untereinander über ihre Ergebnisse austauschen und die neuen Erkenntnisse auf ihrem Arbeitsblatt in die Tabelle eintragen, sodass am Ende dieser Phase jeder Schüler/ jede Schülerin die wichtigsten Informationen über die beiden Erziehungssysteme verschriftlicht hat. Sollte einer der Partner mit der Einzelarbeit sehr viel schneller fertig sein, kann er seinem Sitznachbar bei der Bearbeitung helfen. Die Ergebnissicherung inkludiert neben einer Selbstkontrolle durch einen Kontrollbogen die Beantwortung der Stundenfragen und die Überprüfung der Vermutungen, indem die Bilder aus dem Einstieg erneut gezeigt werden und Unterschiede stichpunktartig am Whiteboard visualisiert werden. Im Anschluss an die Ergebnissicherung sollen die SuS Rückschlüsse auf die politischen Strukturen der beiden Poleis ziehen. Durch einen Vergleich mit der heutigen Erziehung soll anschließend ein Gegenwartsbezug hergestellt werden. Zudem soll den Lernenden bewusst gemacht werden, dass Entwicklungen und Handlungsweisen der Geschichte in unsere gegenwärtige Lebenswelt gleichsam unmittelbar hineinragen.[46] Die Hausaufgabe in Form eines Gesprächs zwischen einem Athener und einem Spartiaten, in welchem beide versuchen die eigene Erziehungsform zu verteidigen, ermöglicht den Lernenden den Inhalt der Stunde zu vertiefen, indem sie sich in Personen hineinversetzen sollen und Gelerntes in einem fiktiven Gespräch anwenden.

---

[44] Vgl. Günther-Arndt, Hilke (Hrsg.): Geschichtsmethodik, Handbuch für die Sek. I und II, Cornelsen, 2007, S. 93.
[45] Vgl. Mattes, Wolfgang: Methoden für den Unterricht, Schöningh, 2002, S. 28.
[46] Vgl. Sauer, Michael: Geschichte unterrichten – Eine Einführung in die Didaktik und Methodik, Kallmeyer, 2001, S. 91.

Die Differenzierung erfolgt in der vorliegenden Stunde zum einen durch Tippkärtchen, die den SuS, die noch Schwierigkeiten haben Informationen aus Texten zu entnehmen, eine Hilfestellung in Form von Zeilenangaben anbieten.[47] Unbekannte Wörter, die das Textverständnis gefährden könnten, sind zudem am Textrand erläutert. Die Tabellen auf den Arbeitsblättern sind inhaltlich vorgegliedert, da es den Lernenden noch Probleme bereitet, zu entscheiden, welche Informationen aus Texten zu entnehmen sind. SuS, die beim Verfassen eigener Texte noch Lücken aufweisen, können bei der Hausaufgabe auf vorgegebene Satzanfänge zurückgreifen.

---

[47] Vgl. Materialien Tippkarten, S. 23.

7. Anhänge

7.1 Gliederung der Unterrichtseinheit

Stundenumfang	Thema	Stundenziel
1 Stunde	Das antike Griechenland – Vorwissen aktivieren, überprüfen und festhalten	Die SuS stellen anhand verschiedener Bilder Vermutungen über das antike Griechenland auf und informieren sich anhand einer Recherche in ausgewählten Büchern.
1 Stunde	Griechenland als Wiege der Kultur	Die SuS können erläutern, weshalb man in Bezug auf das antike Griechenland häufig von der „Blüte der Wissenschaft" spricht.
1 Stunde	Kolonialisierung im antiken Griechenland	Die SuS können die geographischen sowie die taktischen Beweggründe für die Auswanderung der Griechen nennen und die sich ergebenden Möglichkeiten, Vorteile und Gefahren erläutern.
1 Stunden	Zusammengehörigkeit durch Götterglaube – die griechischen Götter	Die SuS können den Göttern ihre Eigenschaften zuordnen und anhand der sich ergebenden Beziehungen einen Götterstammbaum erstellen.
2 Stunden	Die olympischen Spiele zu Ehren der Götter	Die SuS sind in der Lage die Bedeutung der Götter, exemplarisch am Göttervater Zeus, in Bezug auf die Olympischen Spiele zu erläutern. Die SuS können sportliche Disziplinen der olympischen Spiele nennen. Die SuS erstellen eine Tagesagenda der antiken Olympischen Spiele und können, anhand dieser, Gemeinsamkeiten und Unterschiede zu heute nennen.
3 Stunden	Die Staatsform im antiken Athen – Die Wiege der Demokratie	Die SuS können in eigenen Worten erläutern, wozu die Volksversammlung diente und weshalb sie ins Leben gerufen wurde. Die SuS können die Mitglieder der vier Gesellschaftsklassen, deren Stellung im Staat nennen sowie die Unterschiede und die Rangfolge kritisch beurteilen. Die SuS können die Merkmale der Volksherrschaft im antiken Athen mit den Merkmalen der modernen Demokratie vergleichen sowie die damalige Staatsform unter dem Aspekt der nicht wahlberechtigten Bevölkerungsgruppe kritisch beurteilen.
2 Stunden	Leben in Athen – Einwohner ohne Rechte?	Die SuS können die Rechte und Tätigkeiten der Metöken, Frauen und Sklaven erläutern und mit den der wahlberechtigten Vollbürger in Beziehung setzen. Die SuS können die Grundzüge des attischen Alltagslebens erläutern.
2 Stunden	Leben im Kriegsstaat Sparta	Die SuS können die Aufteilung der Bevölkerung Spartas erläutern und mit der attischen Aufteilung vergleichen. Die SuS können die wesentlichen Merkmale des Zusammenlebens der Spartaner beschreiben und Vergleiche zu Athen ziehen.
1 Stunde	**Sparta und Athen – Griechen gestalteten ihr Zusammenleben unterschiedlich. Ein Vergleich am Beispiel der Erziehung.**	**Siehe Stundenziel**
2 Stunden	Der Peloponnesische Krieg	Die SuS können die Gründe für den Peloponnesischen Krieg erläutern und in den historischen Kontext einordnen.
2 Stunden	Lerntheke zum antiken Griechenland und Test über das Gelernte	Die SuS wiederholen die Inhalte der UE und bekommen anhand eines Tests eine individuelle Rückmeldung zu ihrem Lernstand.

7.2 Stundenverlaufsplan

Zeit	Phase	Unterrichtsgeschehen	Unterrichtsform	Materialien und Medien
8:30 – 8:35	Begrüßung, Einstieg	• Begrüßung der SuS und der Gäste • Bekanntgabe des Stundenthemas • Visualisierung der Stundenfrage • Visualisierung der beiden Bilder • Zuordnen der Bilder zu Athen oder Sparta • Sammeln von Vermutungen über die Kindheit und die Erziehung • Heranwachsender aus Athen und Sparta • Festhalten einzelner Vermutungen	Unterrichtsgespräch	Whiteboard Power Point Präsentation Bilder von Kindern aus Athen und Sparta Whiteboardmarker
8:35 – 8:40	Hinführung	• Bekanntgabe des weiteren Stundenverlaufs	Lehrervortrag	Power Point Präsentation
8:40 – 9:00	Erarbeitung	• Lesen der Texte und Bearbeitung des AA in Einzelarbeit • Austausch mit dem Sitzpartner • Selbstkontrolle anhand des Kontrollbogens	Einzelarbeit Partnerarbeit	Arbeitsblätter Kontrollbögen
9:00 – 9:10	Ergebnissicherung	• Beantwortung der Stundenfrage • Besprechung der Hypothesen • Rückschluss auf Staatsformen • Vergleich mit dem modernen Erziehungssystem	Unterrichtsgespräch	Power Point Präsentation Bilder von Kindern aus Athen und Sparta Whiteboardmarker
9:10 – 9:15	Verabschiedung/ Hausaufgabe	• HA: Diskussionsgespräch schreiben	Unterrichtsgespräch	Arbeitsblatt mit Arbeitsauftrag für HA

16

7.3 Kompetenzraster

+++ = leistungsstarke SuS ++ = mittleres Leistungsfeld + = leistungsschwächere SuS

Kompetenzen \ Lernende Namen→	x	x	x	x	x	x	x	x	x	x	x	x	x	x	x	x	x	x
1. Fachliche Lernausgangslage																		
1.1 Vorwissen zum Stundenthema																		
• Die SuS können Gemeinsamkeiten und Unterschiede der Staatsform und des gesellschaftlichen Lebens in den Poleis Athen und Sparta erläutern.	+++	+++	+++	++	+++	++	++	++	++	++	++	++	++	++	+	+	+	+
1.2 Fachspezifische Kompetenzen																		
• Die SuS können Textinhalte erschließen und in ihren eigenen Worten wiedergeben.	+++	+++	+++	+++	+++	++	++	++	++	++	++	++	++	++	+	+	+	+
• Die SuS können Motive für Handlungen einzelner Akteure in ihrem historischen Kontext erklären und beurteilen.	+++	+++	+++	+++	+++	++	++	++	++	++	++	++	++	++	+	+	+	+
2. Überfachliche Lernausgangslage																		
2.1 Methodenkompetenz																		
• Die SuS arbeiten in Einzelarbeit selbstbestimmt und eigenverantwortlich	+++	+++	++	+++	++	++	+++	+++	++	+++	+	+++	++	++	+	+	+	+
• Die SuS arbeiten zielgerichtet und konstruktiv mit einem Partner zusammen	+++	+++	+++	+++	+++	++	+++	+++	+++	+++	++	+++	++	++	+	+	+	+
2.1 Sprachkompetenz																		
• Die SuS können fremde Texte sinnentnehmend lesen.	+++	+++	+++	++	+++	++	++	++	++	++	++	+++	+++	+++	+	+	+	+

17

7.4 Sitzplan[48]

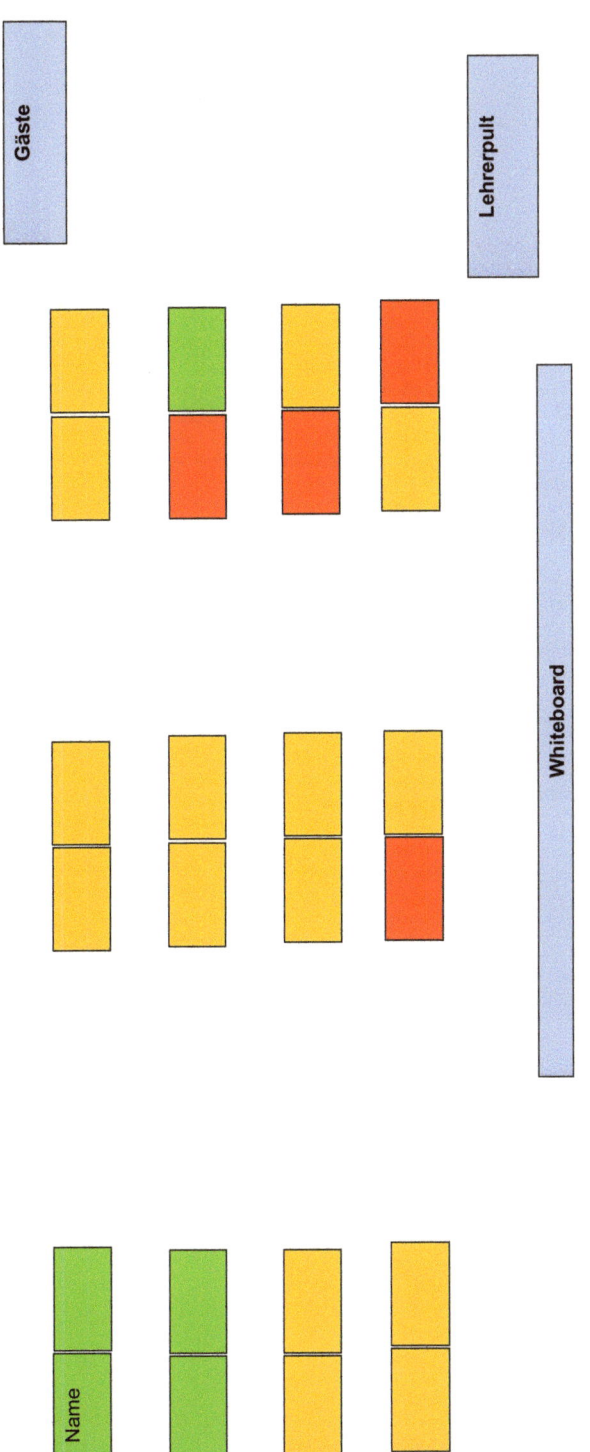

---

[48] Die Zuordnung der Farben bezieht sich weitgehend auf die Stärken und Schwächen der Lernenden in Bezug auf die fachlichen Kompetenzen.

8. Quellenangaben

8.1 Literaturangaben

Bergmann, Klaus (Hrsg.): Handbuch der Geschichtsdidaktik, Kallmeyer Verlag, 1997.

Bertschi-Kaufmann, Andrea: Lesekompetenz, Leseleistung, Leseförderung, Klett, 2007.

Erich-Kästner-Schule (Hrsg.): Fachcurriculum Deutsch Realschule. Bürstadt, Stand: 2015.

Günther-Arndt, Hilke (Hrsg.): Geschichtsdidaktik, Praxishandbuch für die Sekundarstufe I und II, Cornelsen Verlag, Berlin, 2003.

Hessisches Kultusministerium (Hrsg.): Bildungsstandards und Inhaltsfelder. Das neue Kerncurriculum für Hessen, Realschule, Geschichte.

Mattes, Wolfgang: Methoden für den Unterricht, Schöningh Verlag, Braunschweig, Paderborn, Darmstadt, 2007.

Rühfel, Hilde: Kinderleben im klassischen Athen, Verlag Philipp von Zabern, Mainz, 1984.

Sauer, Michael: Geschichte unterrichten, Eine Einführung in die Didaktik und Methodik, 11. Auflage, Klett Kallmeyer Verlag, Seelze, 2013.

Schmitz, Winfried: Haus und Familie im antiken Griechenland, Oldenbourg Verlag, München, 2007.

Schulz, Raimund: Athen und Sparta, Wissenschaftliche Buchgesellschaft, Darmstadt, 2005.